LA GRANDE CHARTREVSE.

Par Meſſire ANTOINE GODEAV, *Eueſque de Graſſe.*

A PARIS,

Chez { La Veuue IEAN CAMVSAT, ET PIERRE LE PETIT, Imprim. & Libraire ordin. du Roy. } ruë S. Iacques, à la Toiſon d'or, ET à la Croix d'or.

M. DC. LI.

LA GRANDE CHARTREVSE.

DESERTS où le demon a perdu sa puissance,
Retraite des vertus, sejour de l'innocence,
Terrestre Paradis, où les Anges mortels
Font de diuins concerts au pieds des saints autels.
Solitaires forests, que vous estes celebres!
Que je trouue vn beau jour dans vos saintes tenebres!
Que vostre horreur est sainte! & que vostre aspreté,
Dans de rudes objets a pour moy de beauté!
Sur les riues de Seine, & sur celles de Loire,
Iay veu tous les beaux lieux dont on vante la gloire,
Mais ni ces longs canaux qui sur leur riches bords,
Du marbre & du porphyre assemblent les tresors,
Et dans l'égalité de leurs surface humide,
Semblent vn long miroir fait d'vn argent liquide;

A ij

Ni ces superbes ronds, où d'vn large tuyau,
Comme vn trait de cristal, on voit s'éleuer l'eau,
Ni ces jets disposez en longues palissades,
Ni vases, ni glacis, ni miroirs, ni cascades;
Ni ces hauts promenoirs, où pour les rendre vnis,
Les vallons sont comblez, & les monts applanis;
Ni ces riches vergers où la fertile automne
De fruicts delicieux tous les ans se couronne;
Ni ces fameux jardins où des plus belles fleurs,
La nature auec pompe estale les couleurs;
Enfin, tous ces palais dont la riche structure,
Sous vn art orgueilleux captiue la nature;
N'ont rien aupres de vous! ô deserts innocens,
Qui charme mon esprit, ni qui plaise à mes sens.
Il est vray qu'autrefois je vous trouuay sauuages;
Cette sombre épaisseur de vos tristes boccages,
Cette énorme hauteur de vos superbes monts
Qui vous cachent le Ciel, où se joignent leurs fronts;
Ce long éloignement de la clarté feconde,
De l'Astre dont les feux enrichissent le monde;
La neige qui blanchit vos costaux dépoüillez,
Les torrens furieux dont leurs pieds sont moüillez,
Vostre aride terrein, dont l'ingrate culture,
Des soins du laboureur ne rend jamais l'vsure,
Vous ont fait longuement passer à ma raison
Plustost pour vn tombeau que pour vne prison.

 Mes sens gouuernoient lors ma raison déréglée,
De sa propre lumiere elle estoit aueuglée,
Et mieux elle pensoit sçauoir la verité,
Plus ses vains jugemens auoient de faussèté.

Ie croyois que le monde, en cet éclat qui trompe,
Euſt autant de vrays biens, comme il auoit de pompe,
Qu'il priſaſt, qu'il cheriſt les eſprits genereux,
Que toutes ſes faueurs ne fuſſent que pour eux,
Que la haute Vertu conduiſiſt à la Gloire,
Et qu'elle y fiſt aymer ſon illuſtre memoire,
Qu'en ceux qui par leur rang éclatoient de ſplendeur,
Vn grand eſprit ſoutint vne auguſte grandeur,
Que leur cœur fuſt conſtant, ſincere, magnanime,
Et que leur plus grand bien fuſt vne grande eſtime.
Le temps m'a détrompé de ce monde trompeur,
Ie ne ſens plus pour luy, ni d'eſpoir, ni de peur,
Ie ſuis deſabuſé de ſes pompes friuoles,
Et je voy que ſes Dieux ne ſont que des idoles,
Saints Deſerts, je n'ay plus d'eſtime que pour vous,
Vous n'auez rien pour moy que de beau, que de doux,
Et nul ſort aujourd'huy n'excite mon enuie,
Que le ſort de ſes morts dont vous cachez la vie,
Et que Dieu connoiſſant leurs fideles ferueurs,
Comble, auec tant d'amour, de toutes ſes faueurs.

    Admirable BRVNO, ce fut par ſa conduite,
Que ces rudes deſerts arreſterent ta fuite,
Quand ſa Grace en ton ame allumant ſon flambeau,
Tu cherchas dans leur ſein vn amoureux tombeau,
Et pour mieux adorer ſa majeſté ſupreſme,
Tu renonças au Monde, au Demon, à toy-meſme.
,, Où vas-tu, luy diſoient le Monde & le Demon?
,, Si le ſiecle eſt mauuais, tu le peux rendre bon;
,, Ta vertu, qui te donne vne ſi haute eſtime,
,, Gaignant les criminels, condamnera le crime;

,, *Ta diuine eloquence & ton profond sçauoir,*
,, *Au Peuples ignorans apprendront leur deuoir,*
,, *Tu porteras le jour dans leurs sombres pensées,*
,, *Tu répandras le feu dans leurs ames glacées;*
,, *S'ils sont sains, leur santé s'affermira par toy;*
,, *Dans leur maux tes conseils leurs seruiront de loy;*
,, *Et sans estre infecté du commerce du vice,*
,, *Tu seras vn miroir de parfaite justice.*
,, *C'est aux esprits communs à craindre les combats,*
,, *Mais ton esprit si rare, & qui n'a rien de bas,*
,, *Dans le noble desir d'vne éclatante gloire,*
,, *Doit par de grands dangers acheter la victoire.*
,, *Tu prens pour ennemis ceux qui ne le sont point,*
,, *L'erreur à la foiblesse, en ta fuite se joint,*
,, *Et tes vaines terreurs font qu'vn nain ridicule,*
,, *Est, à ton jugement, vn redoutable Hercule.*
,, *Il est vray la grandeur cache vn secret poison,*
,, *Mais sa malignité change par la raison,*
,, *Et dans l'authorité, la seuere innocence*
,, *Empesche les effets que produit la puissance.*
,, *Crois-tu donc pour toy seul auoir receu des Cieux,*
,, *Auec tant de faueur, des dons si précieux?*
,, *Il faut que ton païs, que toute la nature,*
,, *Par tes nobles trauaux en recucille l'vsure.*
,, *Laisse, laisse aux lyons les antres & les bois,*
,, *Vien te faire écouter des Peuples & des Roys,*
,, *Viens ouurir les tresors dont ton esprit abonde,*
,, *Ne fuis point, mais combats, & surmonte le monde.*
    BRVNO, *dans cét assaut si long, si furieux,*
Le superbe démon estoit victorieux,

Si la Grace à ton cœur, par sa clarté celeste,
N'eust découuert l'horreur de ce piege funeste.
Elle te fit briser les illustres liens
Qui vouloient t'attacher à de fragiles biens,
Et le Demon confus dans sa noire malice,
Ne pouuant te tromper t'abandonna la lice.

Ainsi quand le chasseur dans les sombres forests,
aux credules oiseaux tend d'inuisibles rets,
Il pense quelquefois que la chaste colombe
N'apperçoit pas ses rets, qu'elle y va qu'elle y tombe;
Mais lors que de sa prise il attend le plaisir,
La colombe trompant ses soins & son desir,
S'enuole dans le Ciel sur ses aisles brillantes
Où l'or mesle à l'argent ses richesses tremblantes,
Et va chercher au sein d'vn rocher écarté,
Pour plaindre son veufuage, vn lieu de seureté.

Les desseins de BRVNO, *par les loix ordinaires,*
Paroissoient imprudens, aueugles, temeraires,
Mais le songe fameux d'vn celebre Pasteur
En monstra les raisons, la sagesse, & l'auteur.
Hugues, qui sur les bords de la noire Lisere,
Rendoit à son troupeau tous les deuoirs d'vn pere,
Vid, durant son sommeil, sept astres glorieux
S'abbaissant à ses pieds, se détacher des Cieux.
Il s'éueille en sursaut, & son esprit se ronge,
Pour éclaircir la nuit de ce lumineux songe:
Mais lors que le Soleil, montant sur l'horison,
Eut tiré l'Vniuers de sa sombre prison,
BRVNO, *dont six amis suiuoient le grand exemple,*
Embrasse ses genoux à la porte du Temple,

Saint Hu
gues Euc
que de G
noble.

Luy découvre le feu qui brusle dans son sein,
Et luy demande vn lieu propre pour son dessein.
Lors de sa vision, Hugues perça les voiles,
En ces sept Penitens il voit que sept étoiles
Viennent, par leur exemple aussi rare que beau,
Dans les cœurs de son peuple, épandre vn feu nouueau,
Et que le Dieu du Ciel veut qu'en leur entreprise,
D'vn amoureux appuy son soin les fauorise.
Il embrasse la troupe auec vn tendre amour,
Dans les monts de CHARTREVSE *il marque son sejour,*
Où luy mesme, souuent, par de saintes visites,
Partageant leurs trauaux, partageoit leurs merites.
Ces Esprits que la gloire à leur principe joint,
Et que dans leur amour le corps n'empesche point,
Sont estonnez de voir ces corruptibles Anges,
Qui de leur souuerain celebrent les loüanges,
D'vn esprit aussi pur, d'vn courage aussi fort,
Que s'ils estoient, comme eux, au dessus de la mort.
Pour joüir de plus prés de ces diuins spectacles,
Pour auoir quelque part en ces nobles miracles,
Ils descendent du Ciel dans leurs sacrez deserts,
Pour leurs lugubres chants, quittent leurs doux concerts,
Recueillent leurs souspirs, leurs plaintes, & leurs larmes,
Et contre le Demon pour eux prenant les armes,
Ils veillent à l'entour de ces saintes forests,
Et font de nouueaux Cieux de leurs antres secrets.
Lors que l'Astre du jour dormant au sein de l'onde,
Les pauots du sommeil assoupissent le monde,
Ces diuins Penitens, veillant auec les Cieux,
Font retentir les bois de leurs chants glorieux:

Et

Et durant qu'à la terre il donne sa lumiere,
Au silence, au trauail, ils ioignent la priere.
Par vn aspre cilice ils dontent les efforts
Que liure à leur esprit l'insolence du corps,
Et les haires, pour eux, ont de plus belles marques,
Que la pourpre & que l'or qui couurent les Monarques.
Le ieusne les nourrit, & prenant leur repas,
C'est bien moins pour manger, que pour ne mourir pas.
Les herbes & les fruits que produit la Nature,
Sur leurs aspres rochers, sans soin, & sans culture,
Sont à leur longue faim des mets delicieux,
Quand l'estoile du soir se découure à leurs yeux;
Et l'eau des clairs torrens offre à leurs bouche aride,
L'innocente fraischeur de son cristal liquide.
On voit sur leur visage vne morte pasleur,
Qui de la penitence est la sainte couleur;
Mais on y voit aussi luire la sainte ioye,
Que d'vn esprit content l'innocence y déploye,
Et tandis que leur corps meurt par l'austerité,
On voit mieux dans leur cœur mourir la vanité.
Les ieusnes, les trauaux, les prieres, les veilles,
Où les Anges trouuoient d'incroyables merueilles,
Semblent à leur amour de foibles actions,
Pour donter de leur chair les folles passions.
Lors qu'ils jettent les yeux sur la croix de leur Maistre,
Où sa bonté destruit les grandeurs de son estre,
Ils sentent dans le cœur des desirs vehemens,
De prendre vne humble part en ses diuins tourmens,
Et les pleurs, les souspirs, les haires, les cilices,
Loing de les dégouster, sont leurs seules delices.

B

Ainſi dans ces deſerts l'Egliſe vid encor
Fleurir la ſainĉteté de ces vieux ſiecles d'or,
Où les Hilarions, les Pauls, & les Antoines,
Paroiſſoient aux humains pluſtoſt Anges, que Moines.
Depuis que le Seigneur attacha dans les Cieux,
Du clair flambeau du jour le globe précieux,
Cét Aſtre étincelant, pour verſer ſa lumiere,
Garde toûjours la loy preſcrite à ſa carriere,
Il viſite toûjours ſes brillantes maiſons,
Toûjours d'vn pas égal il regle les ſaiſons,
Et ſans que dans ſa route il erre à l'auenture,
Il produit tous les biens au ſein de la Nature.
La Lune au front changeant, ſuit dans ſon changement,
L'inuariable tour d'vn meſme mouuement:
Et ces aſtres brillans dont la nuiĉt ſe couronne,
N'ont point changé le cours que leur Maiſtre leur donne.
Autant qu'en ce grand monde où regne la clarté,
On voit perſeuerer d'ordre & de fermeté;
Autant au petit monde aueuglé d'ignorance,
L'on voit regner d'erreur, de trouble, & d'inconſtance.
L'Homme, que le peché rend ſtupide & charnel,
Ou ne ſuit point les loix du Monarque Eternel,
Ou s'il fait quelques pas dans leurs routes diuines,
Il y trouue bien-toſt de cruelles eſpines;
Bien-toſt il s'en détourne, & changeant de deſirs,
Il cherche les grandeurs, les biens, & les plaiſirs;
Tantoſt il vole au Ciel, tantoſt il rampe en terre,
Maintenant à ſon corps l'eſprit liure la guerre,
Et ſoudain à l'eſprit, ſon corps victorieux
Fait reſſentir le poids d'vn joug injurieux;

Enfin, par le peché dont il fent le feruage,
Il a le changement pour fon propre partage.
Les Ordres les plus faints ont veu leur fainteté,
Et perdre & recouurer fa premiere clarté ;
Les biens qu'auoit produits vne innocence auftere,
Comme des fils ingrats ont étouffé leur mere ;
Le luxe, les plaifirs, l'orgueil, l'ambition,
Ont dans ces lieux fi purs mis la corruption.
Ceux que n'à pas gaftez la trop grande opulence,
Ont dans la pauureté trouué leur décadence.
Les plus pieux emplois à d'autres ont ofté
La fincere candeur d'vne humble pieté ;
Et l'Eglife immüable en fa faine doctrine,
A veu mefme changer toute fa Difcipline.
Mais l'illuftre BRVNO voit fes heureux Enfans,
Malgré la loy commune & l'injure des ans,
Toûjours d'vn mefme efprit, toûjours d'vn mefme zele,
Suiure dans les vertus la trace paternelle.
Toûjours d'vn mefme pas marchant dans ces fentiers,
Ils cueillent en fecret de celeftes lauriers :
Toûjours la penitence en fes charmantes gefnes,
Fait trouuer à leurs cœurs le throfne dans les chaifnes :
Toûjours leur front ferein plus qu'il n'eft abbatu,
Fait tout-enfemble aymer & craindre leur vertu ;
Toûjours l'auftere frein d'vn rigoureux filence,
En bannit la difcorde, y nourrit l'innocence,
Tarit prefque pour eux la fource des pechez,
Et tient au Dieu du Ciel leurs efprits attachez.
Ils font le long du iour ce qu'au Ciel font les Anges,
Du Monarque éternel ils chantent les loüanges ;

B ÿ

Et tandis que la nuit, dans vn profond repos,
Sur les yeux des mortels verse ses froids pauots,
Ou que dans les plaisirs leurs ames impudentes,
Corrompent de la nuit les ombres innocentes ;
Les heureux citoyens de ces nobles deserts,
Par les lugubres tons de leur sacrez concerts,
Celebrent de son nom les grandeurs adorables,
Appaisent sa colere, & sauuent les coupables.
Vn stupide repos n'abbat point leurs esprits,
Ils ne font point des arts vn barbare mépris,
Ils ayment la science, & dans leur solitude,
Ils goûtent sagement les plaisirs de l'estude :
Mais ils n'estallent point leur curieux sçauoir,
Par leurs escrits au monde ils ne se font point voir,
Et leur humble retraite en de saintes tenebres,
Estouffe tous les iours mille ouurages celebres.
Ainsi, comme l'estude oste l'oisiueté,
Le modeste silence esteint la vanité,
Et bannit le desir des loüanges friuoles,
Dont les autres sçauans font leur vaines idoles.
Ils sçauent ce que Paul sceut si bien autrefois,
IESVS, leur cher amour, attaché sur la croix,
Et leur ame innocente, en cét auguste liure,
Apprend vn art nouueau de mourir & de viure.
Ils ont pour leur partage, en leur sainte prison,
Les pleintes, les soupirs, les larmes, l'oraison,
Et pour eux l'oraison, les soupirs, & les larmes,
Sans jamais les lasser, ont toûjours mesmes charmes.
Leur Celle est leur tombeau, mais vn tombeau d'amour,
Vn tombeau qui reluit d'vn admirable iour;

Vn tombeau qui tenant leur franchise asseruie,
Leur rend la liberté, par le monde rauie.
Ce sont des morts viuans, & des morts glorieux,
Dont le corps est en terre, & l'esprit dans les Cieux;
Des morts pleins de vigueur, des morts incorruptibles,
Des morts qui sentent tout, & qui sont insensibles;
Des morts qui pour la terre ont de l'aueuglement,
Et dont l'œil épuré perce le firmament;
Des morts qui sans marcher, courent dans leur carriere,
Et vont de iour en iour, de lumiere en lumiere;
Des morts qui, sans parler instruisent les mortels,
Des morts qui sans agir défendent les autels;
Enfin, ce sont des morts qui donnent de l'enuie,
Et qui seuls sçauent l'art d'vser bien de la vie.
Que ne puis-je auec vous, ô venerables morts!
Iouïr dans vos tombeaux de vos riches tresors,
De vos chastes plaisirs, de vos douces espines,
Et du iour lumineux de vos ombres diuines!
Mais le penible soin d'vn troupeau precieux,
Où m'engage la loy du Monarque des Cieux,
M'enuiant le plaisir d'vne sainte retraite,
Me défend d'esperer le bien que je souhaite.
Donc ne pouuant du corps auec vous estre joint,
D'auec vous de l'esprit je ne m'esloigne point;
Auec vous je trauaille, auec vous je sommeille,
Auec vous je repose, auec vous je m'éueille,
Auec vous je soupire, & je verse des pleurs,
Auecque vous, enfin, & je vis, & je meurs.
Receuez dans ces vers où j'ay peint vostre image,
De cét amour si tendre vn veritable gage,

Le cœur plus que l'esprit y prétend avoir part,
I'y parle sans attraits, mais j'y parle sans fard,
Et sans vouloir prétendre à voir viure leur gloire,
LA CHARTREVSE est pour moy le Temple de Memoire.

Extraict du Priuilege du Roy.

LE ROY par ses Lettres patentes, données à Paris le 12. Mars 1644. A permis à Messire Antoine Gavdeav Euesque de Grace, Conseiller de sa Majesté en ses Conseils, de faire imprimer, vendre & debiter en tous les lieux de son obeïssance, par tel Imprimeur ou Libraire que ledit Sieur Euesque voudra choisir, *Toutes les Oeuures Chrestiennes par luy composées tant en prose qu'en vers*; & ce, en vn, ou plusieurs volumes, en telles marges, en tels caracteres, & autant de fois que bon luy semblera, durant *vingt ans* entiers, à compter du iour que chaque piece ou volume sera acheué d'imprimer pour la premiere fois. Auec defenses à toutes personnes de quelque qualité & condition qu'elles soient, d'en imprimer, vendre ny debiter aucune chose sans le consentement dudit Sieur Euesque, ou de ceux qui auront son droit; sous les peines portées par lesdites Lettres, à l'extraict & aux copies desquelles, sa Majesté veut que foy soit adjoustée comme à l'original, comme il est plus amplement porté par lesdites Lettres. Signées, Par le Roy en son Conseil, Conrart. Et seellées du grand seau de cire jaune, sur simple queuë

Et ledit Seignevr Evesqve a cedé le Priuilege cy-dessus, à la Vevve Iean Camvsat & Pierre le Petit, pour *la Grande Chartreuse*, suiuant l'accord fait entr'eux.

www.ingramcontent.com/pod-product-compliance
Lightning Source LLC
Chambersburg PA
CBHW061622040426
42450CB00010B/2615